Inhaltsverzeichnis

Kommentar zum Literaturprojekt

Zum Umgang mit dem vorliegenden Material

1. Eine Möglichkeit ist, mit den Kindern das Buch gemeinsam und gleichzeitig zu lesen und an der entsprechenden Stelle die geeigneten Arbeitsblätter einzusetzen.
2. Sie können auch das gesamte Material kopieren und die Arbeitsblätter und Karteikarten auslegen. Jedes Kind wählt im Sinne einer Literatur-Werkstatt seine Aufgaben aus.
3. Sie können selbstverständlich eine Vorauswahl treffen, die den Fähigkeiten und Fertigkeiten ihrer Lerngruppe gerecht wird.
4. Sie können auch differenzierte Pläne mit Pflichtaufgaben, Wahlpflichtaufgaben und freien Angeboten im Sinne eines Wochenplanes erstellen.

Vorbereitung: Das müssen Sie bereitstellen

Die Lösungen (auf Seite 3) können bei Bedarf hochkopiert und den Kindern als Selbstkontrollmöglichkeit zur Verfügung gestellt werden.

In dem Buch werden einige Märchen und Legenden erzählt. Stellen Sie sie bereit, sodass die Kinder bei Interesse nachlesen können (Rumpelstilzchen, Hänsel und Gretel, Die Bremer Stadtmusikanten, Hans guck in die Luft, Die Heinzelmännchen zu Köln).

- Einige Arbeitsblätter fordern auf, Sätze oder Wörter in der Lektüre zu unterstreichen. Sollten Sie den Kindern Klassensätze der Schule zur Verfügung stellen, darf natürlich nicht im Text markiert werden.

Die Informationen zum Schreiben einer Zeitung sind den folgenden Werken entnommen:

- Peter Brand / Volker Schulze (Hg.): Medienkundliches Handbuch – Die Zeitung, Aachen-Hahn 1990
- Walther von La Roche: Einführung in den praktischen Journalismus, München 1999
- Claudia Mast – ABC des Journalismus – Ein Leitfaden für die Redaktionsarbeit, Konstanz 2000

Tipp:
Alle Arbeitsblätter mit Schreibanlässen können Sie auch als Impuls für ein Klassengespräch nutzen, sozusagen: Schreibanlässe sind auch Gesprächsanlässe.

Mützendorfer Anzeiger
Trennen Sie die Doppelseite aus der Mitte des Literaturprojekts und kopieren Sie sie mehrmals doppelseitig. Sie können sie von Anfang an auslegen oder Sie warten, bis alle Kinder Kapitel 17 gelesen haben (je nachdem wie Sie mit der Lektüre methodisch verfahren). Das gemeinsame Betrachten der Zeitung kann auch Anregung geben, eine eigene Klassenzeitung zu erstellen.

Schülerzeitung
Es empfiehlt sich, das Thema „Zeitung" gegen Ende der Lektüre zu behandeln.

- Wenn Sie mit Ihren Schülern eine eigene Schülerzeitung machen wollen, nutzen Sie die Möglichkeit, eine Zeitungsredaktion zu besuchen. Die Lokalzeitungen sind hier sehr aufgeschlossen und es werden auch Führungen angeboten. Ein Anruf genügt meistens.
- Die Kinder lernen mit den Arbeitsblättern auf S. 26–30 die unterschiedlichen Textsorten in Zeitungen kennen. Es kann hilfreich sein, die Merkmale der einzelnen Textsorten mit den Kindern gemeinsam zu reflektieren.

Tipp für den Kunstunterricht (zu S. 16 u. 37): Mit Verpackungen (z. B Dosen), Wollresten, leeren Toilettenpapierrollen, Korken, Lappen, Stoffresten und anderem Müll (reinigen!) können die Kinder ein Müll-Kunstwerk gestalten. Die fertigen Kunstwerke können in der Schule ausgestellt werden.

- Arbeitsblatt: Die Ankunft des Merlins (Seite 18)
  Für dieses Arbeitsblatt müssen Sie den Kindern Orff-Instrumente zur Verfügung stellen. Sollten Sie das Arbeitsblatt als Wahlangebot im offenen Unterricht einsetzen, empfiehlt sich aus Lautstärkegründen, die Kinder in einem anderen Raum arbeiten zu lassen.

- Arbeitsblatt: Anleitung zum Stabpuppenbau (Seite 33)
  Für das Basteln von Stabpuppen benötigen Sie die Vorlagen von S. 34, weißes Tonpapier, Schaschlikstäbchen, Klebeband und Scheren.

Lösungen

zu S. 11 „Sternschnuppensalz und Marzipan“

Was-ser • be-nutzt • Men-schen • zau-bern • le-sen • Mäd-chen • Be-sit-zerin • Schrei • an-stren-gend • Pin-gu-in-au-gen • be-lei-digt • Ra-ben • fal-len • re-den

zu S. 37 „Was kostet der Müll?“

1. 52 : 2 = 26 Seine Mülltonne wird 26-mal geleert.

2. 372 : 12 = 31 Familie Meister bezahlt monatlich 31 € Abfallbeseitigungsgebühren.

3. 2736 € + 732 € = 3468 € 3468 € : 12= 289 €
   Die Dorfschule bezahlt im Jahr 3468 € und monatlich 289 € Abfallbeseitigungsgebühren.

zu S. 40 „Magische Quadrate“

Die Quadrate sind dann „magisch“, wenn alle Zahlen, die senkrecht, waagerecht und diagonal addiert werden, die gleiche Summe ergeben.

- Die magische Summe des ersten Quadrates lautet: 34

40	14	12	34
18	28	30	24
26	20	22	32
16	38	36	10

magische Summe = 100

16	2	8	10
1	7	9	15
6	12	14	4
11	13	3	5

nicht magisch

4	9	2
3	5	7
8	1	6

magische Summe = 15

8	18	4
6	10	14
16	2	12

magische Summe = 30

BVK LP135 • Jennifer Eimers / Guido Kasmann: Literaturprojekt zu „Hexenmüll“

Einen Inhalt zusammenfassen

Wichtige Sätze aus einem Kapitel

Was ist alles passiert?

1. Schreibe das Wichtigste aus einem Kapitel in Stichworten auf.
2. Wähle das Wichtigste aus dem Stichwortkasten aus, umkreise es rot und schreibe es in ungefähr fünf Sätzen in dein Lesetagebuch.

Stichwortkasten zu Kapitel 1

Menschenwelt

aufräumen

Spinnenbeine

Kapitel 1

BVK LP135 • Jennifer Eimers / Guido Kasmann: Literaturprojekt zu „Hexenmüll“

Einen Dialog schreiben

Auf in die Menschenwelt

Tiziana und Friedwart machen sich mit all den Sachen von den Menschen, die die kleine Hexe in ihre Hütte geschleppt hat, auf den Weg nach Mützendorf um sie zurückzugeben.

„Wie würde das sein, mit den Menschen zu reden? Und was würden sie wohl sagen, wenn man ihnen die ganzen Sachen zurückbrachte?“
So steht es am Ende des ersten Kapitels (Hexenmüll, S. 11).

Stelle dir vor, Tiziana bringt dir eine alte Limonadendose zurück, die du einmal im Wald liegen gelassen hast. Du kannst dich gut daran erinnern, weil du damals ein schlechtes Gewissen hattest. Schreibe einen Dialog. Das geht so:

„Ist die Limonadendose hier von dir?“

„Woher soll ich das wissen?“

„Ich habe sie im Wald gefunden.“

„ …“

Dienste

Thomas hat keine Lust auf seinen Mülldienst.
Musst du zu Hause auch Dienste erledigen?

1. Bildet eine Gruppe.
2. Jeder schreibt für sich auf:
   a. Welche Dienste muss ich zu Hause übernehmen?
   b. Was denke ich darüber, dass ich zu Hause Dienste übernehmen muss?
3. Berichtet in der Gruppe, welche Dienste ihr erledigen müsst.
4. Diskutiert eure Dienste unter den folgenden Fragestellungen:
   a. Tue ich genug oder zu wenig?
   b. Wie erledige ich die Dienste und was bedeutet das für die anderen in der Familie?
   c. Will ich versuchen etwas zu ändern (zum Beispiel mehr Dienste übernehmen) und welche Argumente (Gründe) gäbe es dafür?
5. Stellt die Ergebnisse eurer Überlegungen der Klasse vor.

BVK LP135 • Jennifer Eimers / Guido Kasmann: Literaturprojekt zu „Hexenmüll“

Kapitel 2

Regeln einhalten

Karls Mutter ist sehr streng. Wenn Karl nicht rechtzeitig zu Hause ist, dann bekommt er eine Woche Stubenarrest. Zwischen Karl und seiner Mutter gibt es die Regel, dass er zu einer bestimmten Uhrzeit zu Hause sein muss.

Wie findet ihr diese und andere Regeln? Habt ihr eure Eltern schon einmal gefragt, warum sie die Regeln aufstellen? Was passiert bei euch, wenn ihr sie nicht befolgt? Gibt es Belohnungen und Bestrafungen? Findet ihr sie angemessen und sinnvoll?

1. Überlegt, welche Regeln euch besonders ärgern.
2. Bildet zwei Gruppen: Die eine Gruppe sammelt Argumente für die Sicht der Kinder. Die andere Gruppe sammelt Argumente für die Sicht der Eltern.
3. Erstellt ein Plakat mit sinnvollen und wichtigen Regeln sowie Gründen, warum die Regeln eingehalten werden müssen.
4. Stellt die Plakate der Klasse vor. Diskutiert gemeinsam den Sinn (oder Unsinn) von Strafen.

Einige Beispiele für Regeln:
- zu einer bestimmten Uhrzeit zu Hause sein
- alles auf dem Teller aufessen
- erst die Hausaufgaben machen, dann spielen
- nur eine bestimmte Zeit am Computer spielen dürfen
- keine Süßigkeiten vor dem Mittagessen naschen
- Sonntags keine Freunde einladen dürfen

BVK LP135 • Jennifer Eimers / Guido Kasmann: Literaturprojekt zu „Hexenmüll“

Kapitel 3

Die Kaufhausszene

Theater spielen

Bildet eine Gruppe.
Spielt die Szene im Buch auf Seite 22 bis Seite 30, in der Tiziana im Kaufhaus auf den Verkäufer und die Polizei trifft, nach.

1. Schreibt auf, wer in der Szene vorkommt. Habt ihr zu wenig Kinder, lasst ihr einen Polizisten oder den zweiten Mann weg.
2. Verteilt die Rollen. Jeder unterstreicht, was er sagen muss und übt den Text. Achtet auf die Betonung.
3. Den Raben könnt ihr mit einer Puppe spielen oder einer setzt sich einen Pappschnabel auf.

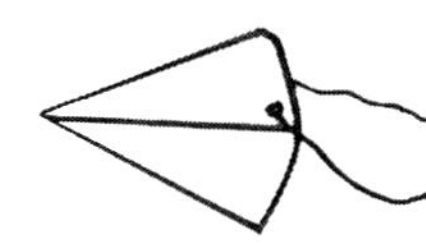

4. Jeder sollte ein Kleidungsstück oder etwas anderes haben, das zu seiner Rolle passt.
5. Übt das Spiel und stellt es der Klasse vor.

Zusatzaufgabe:
Ihr könnt auch ein Rollenbuch schreiben und die Texte verändern.
Ein Rollenbuch hat jeder Schauspieler. Dort steht der Text, den er sagen muss, aber auch der Text der Mitspieler, damit jeder weiß, wann er dran ist.

Rollenbuch

Ein Verkäufer kommt auf Tiziana und Friedwart zu.

Verkäufer: „Kann ich dir helfen?“

Tiziana: „Das ist nett von Ihnen. Ich bringe noch ein paar Sachen zum Anziehen ...“

Verkäufer: „Was machst du da?“

Tiziana: „...“

BVK LP135 • Jennifer Eimers / Guido Kasmann: Literaturprojekt zu „Hexenmüll“

Kapitel 4

Freundschaft

Thomas und Karl sind Freunde. Freunde sind wichtig. Jeder braucht einen Freund oder eine Freundin. Manchmal ärgert man sich über seinen Freund, und es gibt Krach. Dann sagt man, was einem an dem anderen nicht passt.
Aber es gibt ja auch Gründe, warum der andere ein Freund ist.
Schreibe doch deinem Freund oder deiner Freundin in einem Brief, was du an ihr oder ihm gut findest und wie es für dich ist, diesen Menschen als Freund zu haben. Sicher wird er sich freuen.

Schicke den Brief mit der Post. Dann ist es eine besondere Überraschung.

So beschriftet man einen Briefumschlag richtig:

Hier klebst du eine Briefmarke auf. Erkundige dich bei der Post, welchen Wert sie haben muss.

Hier schreibst du deine eigene Anschrift hin.

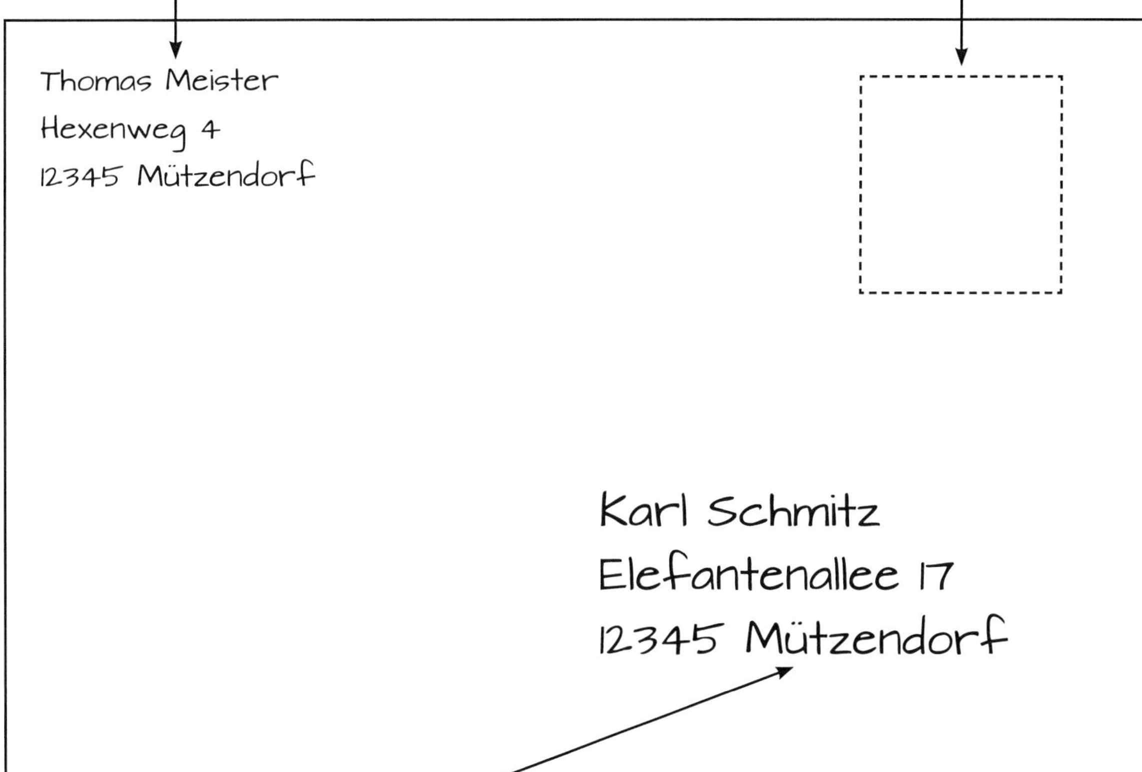

Hier schreibst du schön deutlich und sauber die Anschrift deines Freundes oder deiner Freundin auf.

BVK LP135 • Jennifer Eimers / Guido Kasmann: Literaturprojekt zu „Hexenmüll“

BVK LP135 • Jennifer Eimers / Guido Kasmann: Literaturprojekt zu „Hexenmüll“

Vier Bilder zum Kapitel 5

Ein Mini-Bilderbuch

Für die folgende Aufgabe darfst du immer wieder im Buch nachschauen.
Benutze Buntstifte.

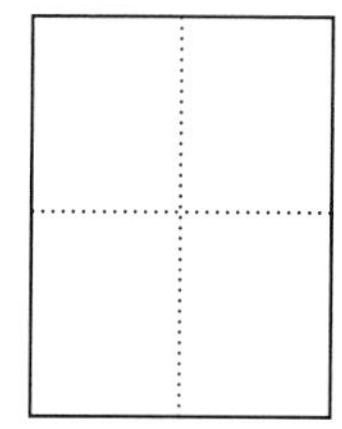

1. Falte ein Din A4-Blatt zweimal, sodass ein Kreuz entsteht.
2. In einen Kasten malst du die Olle Lilli.
3. In einen Kasten malst du ihr Häuschen von außen.
4. In einen Kasten malst du ihr Häuschen von innen.
5. In einen Kasten malst du Umbra.
   Dazu suchst du dir Abbildungen von Eulen.
6. Schneide die einzelnen Bilder an der Knickstelle aus und tackere die Seiten zu einem Buch zusammen.

Vergleicht eure Bilder.
Ähneln sie sich? Wo gibt es Unterschiede? Warum?

BVK LP135 • Jennifer Eimers / Guido Kasmann: Literaturprojekt zu „Hexenmüll“

Träumen

Träumen

Das ist ja noch einmal gut gegangen mit Thomas.
Fast hätte seine Träumerei böse geendet.

Träumen ist schön. Mit den Gedanken woanders sein, sich etwas vorstellen und ausmalen. Wir alle machen das manchmal. Da braucht man auch einen Ort der Ruhe.

Hast du einen solchen Ort?
Beschreibe ihn. Wovon träumst du?
Schreibe es für dich auf. Du musst es keinem vorlesen, wenn du nicht willst.
Du darfst auch dazu malen.

Lesen können

1. Was ist ein Fundbüro? Überlegt gemeinsam in der Gruppe, was ihr über das Fundbüro wisst, und schreibt eure Gedanken auf.

2. Wie fühlt sich Tiziana bei der Dame vom Fundbüro, weil sie nicht lesen kann? Beschreibe ihre Gefühle.

3. Hast du schon einmal darüber nachgedacht, wie es wäre, wenn du nicht lesen könntest? Wie schwierig das Leben in unserer Welt dann wäre?
Denke einmal ans Einkaufen, an Medikamente, die Fernsehzeitung, wenn du etwas reparieren willst oder in einer fremden Stadt bist …
Schreibe zehn Situationen auf, in denen Probleme entstehen, weil du nicht lesen kannst. Stelle deine Überlegungen der Klasse vor.

Kapitel 7

BVK LP135 • Jennifer Eimers / Guido Kasmann: Literaturprojekt zu „Hexenmüll“

Einen Dialog schreiben

Müll im Fundbüro
Tiziana hat es aber auch schwer. Sie weiß ja nicht, dass das alles Müll ist, den sie versucht im Fundbüro abzugeben. Und so kommt es zu den vielen Missverständnissen …

Stelle dir vor,
- du hättest im Restaurant nicht alles aufgegessen und deine Mutter würde dem Kellner sagen, sie wolle nur das bezahlen, was du auch wirklich gegessen hast.
- du gehst in die Apotheke und verlangst ein Medikament gegen Ärger mit den Eltern oder gegen Hausaufgaben.
- du gehst zu deinem Lehrer und sagst: „Ich möchte Bettenmachen und Spülen lernen.“

Schreibe einen Dialog (ein Gespräch) auf. Wenn du zufrieden bist und deinen Text witzig findest, lies ihn den anderen Kindern vor. Ihr könnt die Szene auch vorspielen.

Kapitel 8

Kompost

Die Olle Lilli unterscheidet zwischen zwei verschiedenen Sorten Müll: Erstens Müll, den der Wald zurücknehmen kann und zweitens Müll, der immer liegen bleibt. Mancher Müll kann verrotten und dient dem Boden sogar als Dünger. Solchen Müll kann man in einem Komposthaufen entstehen lassen.

1. Informiert euch wie man einen Komposthaufen anlegt (z. B. in Büchern oder in Gärtnereien).
2. Was darf in den Kompost und was nicht?
3. Überlegt, ob ihr kompostierbaren Müll in eurer Klasse sammeln und einen Komposthaufen auf dem Schulhof anlegen könnt. Vielleicht kann der Hausmeister oder die Hausmeisterin ihn für die Beete im Schulgarten nutzen.
4. Stellt euer Wissen über das Kompostieren auf einem Plakat dar und haltet vor der Klasse einen Vortrag darüber.

Kapitel 9

Keiner glaubt mir

Thomas ist verzweifelt, als er merkt, dass Karl ihm nicht glauben will, was er mit der Hexe Tiziana erlebt hat. Das ist ja auch für Karl schwer zu glauben.

Aber sicher kennst du das, wenn dir deine Eltern vorwerfen an etwas Schuld zu sein und du weißt ganz genau, dass es nicht so ist, aber sie glauben dir nicht. Dann bist du verzweifelt.

Hast du schon einmal eine solche Situation erlebt? Und wie ist sie ausgegangen? Schreibe dein Erlebnis auf. Wenn du willst, lies es deiner Klasse vor, vielleicht macht es anderen Mut, die etwas Ähnliches erlebt haben.

Oder:

Erzählt euch gegenseitig ein solches Erlebnis in der Gruppe und spielt es nach. Dann könnt ihr es der Klasse vortragen.

BVK LP135 • Jennifer Eimers / Guido Kasmann: Literaturprojekt zu „Hexenmüll“

Kapitel 10

Sternschnuppensalz und Marzipan

Sätze vervollständigen

Diese Sätze musst du vervollständigen. Schaue dazu noch einmal gezielt in das Kapitel Sternschnuppensalz und Marzipan.

„Die Olle Lilli setzte W a s s e r in einem großen kupfernen Kessel auf."

„Ich habe das Buch lange nicht mehr ___ ___ ___ ___ ___ ___ ___."

„Also ich glaube, einige ___ ___ ___ ___ ___ ___ ___ ___ kriegen nie genug."

„Wir ___ ___ ___ ___ ___ ___ ___ aus jedem Müll einen Dornenbusch mit scharfen langen Dornen."

„Es wäre sicher nicht schlecht, wenn ich auch ___ ___ ___ ___ ___ könnte."

„Ach, du bist ein schlaues ___ ___ ___ ___ ___ ___ ___."

„Du bist ___ ___ ___ ___ ___ ___ ___ ___ ___ ___ des Hexenstabes."

„Mit einem ___ ___ ___ ___ ___ ___ streute sie es in den Kessel."

„Ich wusste gar nicht mehr, wie ___ ___ ___ ___ ___ ___ ___ ___ ___ ___ ___ das Hexen sein kann."

„Auch er fand den Geruch von kochendem Biberpipi und zerlaufenen ___ ___ ___ ___ ___ ___ ___ ___ ___ ___ ___ ___ nicht so angenehm."

„Friedwart reckte den Hals und wandte sich ___ ___ ___ ___ ___ ___ ___ ___ ___ ab."

„Tiziana sprang auf und stürzte sich auf den verdutzten ___ ___ ___ ___ ___."

„Tiziana und die Olle Lilli ließen sich erschöpft in die schweren Sessel ___ ___ ___ ___ ___ ___."

„Aber ich wüsste schon zu gerne, was die beiden so ___ ___ ___ ___ ___, wenn sie allein sind."

Nun schreibe die eingesetzten Wörter untereinander in dein Heft.
Schreibe sie dahinter noch einmal auf und trenne die Wörter nach Silben.
Welche Wörter kannst du nicht trennen? **Bsp:** Wasser – Was – ser

BVK LP135 • Jennifer Eimers / Guido Kasmann: Literaturprojekt zu „Hexenmüll"

Ein Ort der Ruhe

Ein Ort der Ruhe – Umbras Rotbuche

1. Umbra und Friedwart genießen den Ort der Ruhe im Baum. Sie schweigen eine Weile.

   Finde Sätze im Text, die diese Ruhe näher beschreiben.

2. Hast du auch einen Platz, an dem du alleine sein kannst? Wo ist er? Was machst du dort? Woran denkst du, wenn du dort alleine bist? Warum ist dir dieser Ort so wichtig? Schreibe es auf und male dazu.

BVK LP135 • Jennifer Eimers / Guido Kasmann: Literaturprojekt zu „Hexenmüll“

Waschen der Hexe Tiziana

Tiziana ist fest entschlossen. Sie möchte auch zur Schule gehen und lesen und schreiben lernen. Doch nun soll sie sich erst noch mit „kartoffelähnlichen schmierigen Klötzchen“ waschen. Die Menschen sind wirklich komisch.

Lies das Kapitel 12 noch einmal durch und markiere die wichtigen Stellen.
Gestalte diese als Comic. Überlege dir Szenen und male die passenden Bilder dazu.
In Sprechblasen kannst du aufschreiben, was gesagt wird.

Kapitel 13

Septembermorgen

Wie man ein Gedicht vorträgt
Das arme Mädchen, das das Gedicht „Septembermorgen“ von Eduard Mörike aufsagen soll ... Tiziana fällt immer eine lustige Zwischenzeile ein.

Dabei muss man das Gedichte-Vortragen auch wirklich üben.
Wähle ein Gedicht aus, es muss nicht dieses sein. So übst du richtig:

1. Übe so lange, bis du das ganze Gedicht flüssig lesen kannst.
2. Unterstreiche Wörter, die du ganz besonders wichtig findest.
3. Überlege, welche Wörter betont werden müssen und probiere unterschiedliche Betonungen einer Zeile aus. Welche Betonung klingt für dich richtig?
4. Mache Experimente mit deiner Stimme. Sprich tief und hoch, laut und leise. Was passt an welcher Stelle am besten?
5. An welchen Stellen musst du langsam lesen und an welchen Stellen schnell? Es muss immer zum Inhalt der Zeile oder der Strophe passen.
6. Lasse die Worte nicht nur durch deine Stimme klingen, sondern „sprich“ auch mit deinem Gesicht oder mit deinen Armen.

Wie man Gedichte auswendig lernt
Hier sind ein paar Ideen, wie man ein Gedicht leichter auswendig lernen kann.
Vorher solltest du aber das Gedicht so erarbeitet haben, wie es unter Punkt 1–6 steht

Tipps:

Suche dir einen ruhigen Platz in der Schule oder zu Hause.
Man kann nicht auswendig lernen, wenn man dauernd abgelenkt wird.

Gehe beim Auswendiglernen ein bisschen auf und ab und spüre, ob du dann besser lernen kannst.	Decke die rechte Seite des Gedichtes mit einem Blatt ab. Bei jedem Lerndurchgang schiebst du das Blatt ein bisschen weiter nach links, bis das Gedicht nicht mehr zu sehen ist.
Lerne mit jemandem gemeinsam. Teilt euch die Strophen oder einzelne Zeilen auf. Übt den Vortrag gemeinsam.	Erfinde zu einigen oder allen Teilen des Gedichtes Bewegungen und führe sie beim Lesen aus. (Sie sollten allerdings auch zum Inhalt des Gedichtes passen.)
Schließe beim Lesen des Gedichtes ab und zu die Augen. Halte bei jedem Durchgang die Augen ein bisschen öfter und ein bisschen länger geschlossen.	Lerne erst einzelne Zeilen, dann die Strophen (bzw. Abschnitte).

BVK LP135 • Jennifer Eimers / Guido Kasmann: Literaturprojekt zu „Hexenmüll“

Kapitel 14

Hexenbesen

Man weiß nicht so genau, wie die Hexen in den Märchen an ihren Besen gekommen sind.
Eine Idee ist, dass sie ihre Zauberstäbe mit „Reisig“ verkleidet haben, damit die Menschen nicht sofort sehen können, dass sie Hexen sind.

Stelle dir vor, du hättest einen Zauberstab.
Was würdest du dir zaubern?
Einen Stift, der die Hausaufgaben allein schreibt?
Einen Süßigkeitenteller, der niemals leer wird?

Denke dir lustige Sachen aus und male dazu.

BVK LP135 • Jennifer Eimers / Guido Kasmann: Literaturprojekt zu „Hexenmüll“

Kapitel 15

Ärger mit einem Freund

Ärger mit dem besten Freund
Karl ist enttäuscht von seinem Freund Thomas.
Er ist eifersüchtig, weil Thomas sich mit Tiziana unterhalten hat.

Kennst du eine solche Situation?
Hast du auch schon einmal Angst gehabt, deinen besten Freund zu verlieren?
Habt ihr die Krise überwunden?

Schreibe deine Erfahrung auf.

Kapitel 16

Sich vertragen

Wenn man sich wieder mit seinem Freund oder seiner Freundin vertragen will, muss man den ersten Schritt machen. Aber was soll man sagen? Die ersten Worte sind die schwierigsten.

Stelle dir vor, man sagt: „Fand ich blöd von dir, was du gestern gemacht hast!“
Da fühlt sich der andere gleich angegriffen. Das geht nicht. So ergibt sich kein Gespräch.

Hier sind ein paar Tipps, die dir beim ersten Satz helfen:
- Sage, wenn dir etwas leid tut.
- Beginne deinen ersten Satz mit „Ich“.
- Sprich aus, wie du dich im Moment fühlst.

1. Denke dir ein paar Gesprächsanfänge aus. Was würdest du sagen, wenn du dich wieder versöhnen willst. Schreibe sie in dein Heft.
2. Diskutiere mit den anderen Kindern, welche Anfänge hilfreich sind und welche vielleicht missverstanden werden oder beim anderen Abwehr auslösen können.

Die Heinzelmännchen

Die Wichte des Waldes
Man erzählte sich früher, dass im Wald kleine Wichte leben, die sich darum kümmern, dass es dem Wald gut geht (wie in dem Gedicht von Tiziana).
Manche helfen auch den Menschen, wie in „Die Heinzelmännchen zu Köln“ (von August Kopisch).

Hier siehst du einige Wichte. Was könnten die erleben? Denke dir eine Geschichte aus und schreibe sie in dein Heft. Gib deinen Wichten lustige Namen.

BVK LP135 • Jennifer Eimers / Guido Kasmann: Literaturprojekt zu „Hexenmüll“

Wohin mit dem ganzen Müll?

Stelle dir vor, du würdest mit deiner Klasse eine „Müllaktion“ wie Tiziana durchführen. Im ganzen Wald liegt Müll, den die Menschen einfach achtlos weggeworfen haben. Ihr möchtet den Wald säubern und den Müll entsorgen. Die Frage ist nur, welcher Müll gehört in welchen Mülleimer?

Sicher weißt du es und kannst helfen. Verbinde und sortiere den Müll in die richtigen Eimer und sorge dafür, dass der Wald wieder sauber wird.

BVK LP135 • Jennifer Eimers / Guido Kasmann: Literaturprojekt zu „Hexenmüll“

Kapitel 18

Wer ist die Hexe Riffraff?

Die alte Hexe Riffraff sitzt an der Seite des Großen Merlins.
Das bedeutet, sie ist eine sehr wichtige Hexe.
Leider wissen wir überhaupt nichts über Riffraff.

Denke dir aus, wer die Hexe Riffraff ist.
Die Fragen im Kasten können dir helfen.

?

- Wie alt ist Riffraff?
- Warum lebt sie bei dem Großen Merlin?
- Was hat sie dort für Aufgaben?
- Was sind ihre besonderen Hexenfertigkeiten?
- Wo wohnt sie?
- Hat sie ein Tier?
- …

Schreibe eine Geschichte über die Hexe Riffraff.
Male einige Bilder dazu.

BVK LP135 • Jennifer Eimers/Guido Kasmann: Literaturprojekt zu „Hexenmüll“

Kapitel 19

Spannung erzeugen

Wenn du Geschichten schreibst und Spannung erzeugen willst, könntest du schreiben: „Dann wurde es spannend …“ Das ist aber langweilig. Geschickter ist, du beschreibst eine Situation so, dass die Spannung von selbst entsteht.
In diesem Kapitel gibt es ein paar Beispiele:

Textstelle:	Aussage:
… wurde es in seinem Körper glühend heiß …	Er bekam Angst.
Er stand wie versteinert da.	Er hatte immer noch Angst.

- Finde weitere Beispiele in dem Kapitel oder im ganzen Buch.
- Schaue dir auch die Stelle an, als es plötzlich finster wird (S. 136).
- Wodurch wird die Stelle so unheimlich?

Denke dir Umschreibungen aus für: sich erschrecken, sich allein fühlen, Langeweile haben, warten, dem anderen nicht trauen …

BVK LP135 • Jennifer Eimers/Guido Kasmann: Literaturprojekt zu „Hexenmüll“

Kapitel 20

Die Ankunft des Merlins

Ungerade fehlklängige Zauberschwingungen

In dem folgenden Textausschnitt kündigt sich das Erscheinen des Großen Merlins in der Hütte der Ollen Lilli an.

Im gleichen Moment wurde es draußen vor der Hütte finster. Die Kerzen flackerten und drohten zu erlöschen. Alle Gegenstände in der Hütte schienen leicht zu zittern und das inzwischen kochende Wasser schwappte bedrohlich über den Kesselrand. Doch Friedwart, Umbra und die Olle Lilli schauten auf das Hexenregal, wo Unglaubliches geschah. Die Essenzen und Tinkturen in den kleinen Flaschen begannen zu tanzen und ihr Inhalt brodelte und leuchtete in allen Regenbogenfarben.

Ein tiefes Brummen, wie der Gesang der Erde, erfüllte die Hütte. Es schwoll an und die Gläser, Tassen und Teller im Schrank klirrten rhythmisch. Dann wurde es gleißend hell in der Hütte. Ein Gebilde formte sich in der Mitte des Raumes. Es glitzerte wie Tausende Wunderkerzen.

Das Glitzern und Funkeln nahm nun die Gestalt des Zauberers an. Er schwebte wieder über dem Boden und seine Füße blieben in einem Strauß von Funken und Blitzen verborgen.

(aus: Guido Kasmann: „Hexenmüll“, BVK Buch Verlag Kempen, Kempen 2015, Seite 140)

Aufgaben:

- Erfindet eine Musik zu dieser Szene. Nutzt dazu die Orff-Instrumente.
- Überlegt euch zu den Textteilen unten im Kasten, wie und mit welchen Instrumenten ihr sie verklanglichen wollt.
- Macht daraus ein Musikstück. Überlegt gemeinsam, welche Musik die ganze Zeit zu hören ist (flackernde Kerzen), welche Musik eine Zeit lang zu hören ist (ein tiefes Brummen) und wann sie einsetzt und wieder aufhört.
- Probt eure Musik. Wenn ihr mit dem Ergebnis zufrieden seid, stellt eure Komposition der Klasse vor. Ihr könnt die Musik auch aufnehmen.

Text	**Instrument / Musik**	**Text**	**Instrument / Musik**
finster		Gesang der Erde	
flackernde Kerzen		Teller und Tassen klirren rhythmisch	
Gegenstände zittern		gleißende Helligkeit	
kochendes Wasser schwappt über		Glitzern von tausend Wunderkerzen	
Inhalt der Flaschen tanzt brodelt und leuchtet		Funken und Blitze	

Tipp: Manche Erscheinungen kann man nicht wirklich hören (flackernde Kerzen usw.).

Kapitel 21

Das Rezept des Merlins

Das Salz der Sterne über mir

Der Große Merlin erklärt dem Reporter, Herrn Winterhuber, wie man den seltenen Virus wieder los wird.

Der Merlin richtete sich im Stuhl auf und begann: „Also, um den Virus loszuwerden, muss man in einer Sternennacht in den Wald gehen, an etwas denken, das man dort einmal – sagen wir – vergessen oder verloren hat, die Hände auf den Kopf legen, ein Bein anwinkeln, dabei nicht wackeln, im Kreis tanzen und singen:

„Das Salz der Sterne über mir,
den Tanz der Sachen tanz ich hier.
Ich sing das Lied: Verzeihe mir!
Für jede Blume, jedes Tier
und zähle leise zwei und vier."

„Warum muss man denn singen?", fragte Herr Winterhuber, der von seinen gesanglichen Fähigkeiten nicht sehr überzeugt war.
„Weil der Virus sonst nicht aus Ihrem Körper verschwindet", antwortete der Merlin und musste über das verdutzte Gesicht des Reporters lächeln. „Außerdem ist es wichtig, dass sie falsch singen. Zumindest müssen Fehlklänge zu hören sein, verstehen Sie?"

(aus Guido Kasmann: „Hexenmüll", BVK Buch Verlag Kempen, Kempen 2015, Seite 150 – 151)

1. Vertont die Stelle und spielt sie.
2. Denkt euch eine Melodie für den Liedtext aus. Statt falsch zu singen solltet ihr versuchen, eine Melodie zu erfinden, die untypisch für ein Lied ist. Probiert es einmal aus.
3. Tanzt und spielt dazu.
4. Stellt euer Ergebnis der Klasse vor.

Kapitel 22

Abschiednehmen

Abschiednehmen ist nicht leicht. Auch wenn man sich auf das, was vor einem liegt, freut. Denn man lässt auch etwas zurück.
Tiziana und Thomas sind in diesem Moment auch ein bisschen traurig, denn sie wissen nicht, ob sie den anderen wiedersehen werden.

Stelle dir vor, beide überlegen später, was ein besonders schöner Moment ihrer Begegnung war.

Erinnere dich an alle Begegnungen von Thomas und Tiziana. Entscheide dich, ob du als Tiziana oder als Thomas über ihre schönste Begegnung schreiben möchtest.

Schreibe nicht nur das Erlebnis auf, sondern auch, wie sich Tiziana oder Thomas in diesem Moment gefühlt haben.

Umbra und Friedwart

Obwohl es Umbra nicht so deutlich zeigen will, ist sie traurig, als sie von Friedwart Abschied nehmen muss. Ich glaube, die beiden waren ein bisschen ineinander verliebt …

Stelle dir vor, Friedwart und Umbra würden sich wiedertreffen und zusammenleben.
Wo wäre das?
Auf der Rotbuche? Auf einer Vogelscheuche?
Worüber würden sie reden, worüber streiten?
Was würden sie gemeinsam erleben?
Stelle dir einen Besuch des Paares bei den Raben oder den Eulen vor …

Schreibe deine Liebesgeschichte von Umbra und Friedwart auf.

BVK LP135 • Jennifer Eimers / Guido Kasmann: Literaturprojekt zu „Hexenmüll“

Mützendorfer Anzeiger

Unabhängige Zeitung für Mützendorf und Umgebung
Mondentag, den 32.13. Annodazumal

Überraschendes Ergebnis einer Waldsäuberungsaktion:

Kein Müll im Stadtwald

MÜTZENDORF. Kinder einer Mützendorfer Schule konnten sich heute von der Sauberkeit des Mützendorfer Waldes überzeugen. Keine Autoreifen, Kleidung oder anderer Abfall waren im Wald zu finden. Die Kinder zeigten sich beeindruckt. „Wir hatten uns den Wald schmutziger vorgestellt“, sagte Melanie B., Schülerin der 4a.

23 Schüler einer Mützendorfer Grundschule hatten sich zum Ziel gesetzt, den Mützendorfer Wald von allem Abfall zu reinigen. Das ehrgeizige Projekt wurde unterstützt durch den Klassenlehrer, Herrn Heiligenfeld, der mit den Kindern das Thema Müll und seine Bedeutung für unsere Welt im Unterricht behandelt hatte.

„Die Kinder kamen während der Beschäftigung mit dem Thema auf die Idee, nicht nur über Müll zu sprechen, sondern auch etwas zu tun“, erklärte der Lehrer. „Sie wollten selbst dafür sorgen, dass unsere Welt sauberer wird. Und sie wollten damit sozusagen direkt vor der Haustüre anfangen.“ Gestern machten sie sich nun mit blauen Müllbeuteln „bewaffnet“, auf den Weg in den Wald. Was sie dort fanden, hatten sie nicht erwartet, nämlich nichts, was nicht in den Wald gehörte.

„Entweder es war schon jemand vor uns da oder die Menschen gehen gar nicht so verantwortungslos mit unserem Wald um, wie wir dachten“, meinte Jenny, Schülerin der Klasse 4a.

Ihre Arbeit war dennoch nicht umsonst, denn die Kinder holten sogar den Müll bei einer Mitschülerin zu Hause ab. „Sie wollte den Müll loswerden und wir haben ihr dabei geholfen“, erklärt Thomas M.

Nun wollen die Kinder darauf achten, dass der Wald auch so sauber bleibt, wie er jetzt ist. „Die Menschen sollten sich überlegen, ob sie das, was sie wegwerfen wollen, nicht doch noch verwenden können“, sagte Tiziana, eine Schülerin, die noch nicht lange in der Klasse ist.

Aber vielleicht waren es auch die Heinzelmännchen, meinten die Kinder scherzhaft, die nur wenig Enttäuschung zeigten, dass ihre Müllaktion keinen „Erfolg“ hatte.

„Wir werden auf unseren Mützendorfer Stadtwald achten“, sagt Karl und schwört, niemals unbedacht ein Papierchen fallen zu lassen.

Winterhuber

Neues

Müllberge wachsen weiter

Obwohl viele Menschen den Müll trennen, wächst die Menge des Mülls pro Haushalt noch immer.

Virusepidemie in Mützendorf

MÜTZENDORF. Das unbekannte Virus, das viele Bürger der Stadt befallen hat und sich in Gesichtsrötung und übel riechendem Körpergeruch äußert, kann mit einfachen Maßnahmen erfolgreich behandelt werden, wie uns Dr. Merlin, Facharzt für Viruserkrankungen, bestätigte.

(Näheres siehe Nachrichten)

Virus führt zu Gesichtsrötung und Körpergeruch

Heiler gibt ungewöhnliche Tipps

MÜTZENDORF. Plötzlich gehäuft auftretende Fälle von Gesichtsrötung und besonders ausgeprägtem Körpergeruch haben unter der Mützendorfer Bevölkerung zu Beunruhigung und Verunsicherung geführt. E. Winterhuber sprach über diesen unbekannten Virus und die Heilungsmöglichkeiten mit dem Heiler Dr. Merlin.

Winterhuber: Ist der Virus ansteckend?
Dr. Merlin: Nein.
Winterhuber: Wie kommt es zu der Erkrankung?
Dr. Merlin: Wenn die Menschen zwischen Schuppen des Sternenlichts und Sachen geraten, kommt es zur Infektion.
Winterhuber: Sachen?
Dr. Merlin: Nun, Sachen sind alle Dinge, die sie sich vorstellen können.
Winterhuber: Auch beispielsweise Tassen, Stühle und Marmeladenbrote?
Dr. Merlin: Richtig! Zwischen dem Licht und den Sachen kommt es zu Fehlklängen, weil Schuppen des Lichts die Gegenstände berühren.
Winterhuber: Aha.
Dr. Merlin: Auf der Haut dieser Menschen bildet sich dann ein Salz.
Winterhuber: Aha! Und wie wird man den Virus wieder los?
Dr. Merlin: Sie müssen in einer sternenklaren Nacht an etwas denken, das sie im Wald verloren oder vergessen haben, die Hände auf den Kopf legen, sich auf ein Bein stellen, dabei tanzen ohne umzukippen und eine Melodie zu einem bestimmten Text singen, wobei sie beim Singen unbedingt Fehlklänge erzeugen müssen.
Winterhuber: Wie soll man sich das vorstellen?
Dr. Merlin: Ganz einfach! Sie müssen falsch singen. Es muss schief klingen.
Winterhuber: Aha! Herr Doktor Merlin, ich danke Ihnen für das Gespräch.

(Den Text des Liedes finden Sie im Kasten rechts.)

Betrunkene im Stadtwald?

MÜTZENDORF. Bürger der Stadt berichten von seltsamen Ereignissen im Stadtwald. Es sollen Leute beobachtet worden sein, die im Wald auf einem Bein tanzen und – wie vielfach betont wurde – währenddessen schrecklich schief singen. Man habe den Eindruck, dass diese Leute Müll aus dem Wald holten. Eine Anwohnerin will sogar einen Mann im Dunkeln gesehen haben, der eine Waschmaschine aus dem Wald in sein Auto trug und davonfuhr.
Die Polizei will dort in den nächsten Tagen verstärkt Streife fahren. „Von Betrunkenen, die Müll im Wald sammeln, wird aber kaum eine Gefahr ausgehen", sagte ein Polizeisprecher dem MÜTZENDORFER ANZEIGER.

Meldung
Der Reporter Erwin Winterhuber ist Chefredakteur des MÜTZENDORFER ANZEIGERs geworden.

Das Salz der Sterne über mir,
den Tanz der Sachen tanz ich hier.
Ich sing das Lied: Verzeihe mir!
Für jede Blume, jedes Tier
und zähle leise zwei und vier.

Verein zur Sauberhaltung des Stadtwaldes gegründet

MÜTZENDORF. Heute wurde im GOLDENEN KRUG der „Verein zur Sauberhaltung des Mützendorfer Waldes" gegründet. Der Verein hat sich zum Ziel gesetzt, den Stadtwald zum müllfreien Gebiet zu erklären. „Notfalls räumen wir jedes Papierschnipselchen einzeln weg", sagte Vereinsmitglied Heiligenfeld. „Die Menschen haben in letzter Zeit unseren geliebten Mützendorfer Wald für eine kostenlose Müllhalde gehalten. Damit muss Schluss sein. So sauber wie der Wald jetzt im Moment ist, soll er auch bleiben." Der Verein freut sich über neue Mitglieder. Sie sollten musikalisch sein, denn man will im Wald auch singen und tanzen.

Naturschauspiel gibt Wissenschaftlern Rätsel auf

Sonnenfinsternis in Mützendorf?

MÜTZENDORF. Gestern um 12.27 Uhr verdunkelte sich in Mützendorf für Sekunden der Himmel. Autofahrer und Passanten blieben stehen, weil sie nicht einmal mehr die Hand vor Augen sehen konnten. Wissenschaftler haben für das Naturereignis keine Erklärung. „Es war keine Sonnenfinsternis", sagte Hubertus Wolkenbruch von der Wetterstation Himmelsblick. Eine wissenschaftliche Erklärung gibt es bislang nicht.

Mützendorf um 12.27 Uhr

Frage des Tages

Meldung:
Nach neuesten Erkenntnissen von Literaturwissenschaftlern soll das Reimen und Dichten bei Hexen eine weitere gut ausgebildete Fähigkeit neben dem Zaubern gewesen sein.

Viele kennen den Unterschied nicht mehr:

Krähe oder Rabe?

MÜTZENDORF. Nachdem sich die Meldungen von Spaziergängern im Mützendorfer Wald gehäuft haben, die einen Raben gesehen haben wollen, befragten wir eine Expertin zum Unterschied zwischen Krähen und Raben. Frau Professorin Ulrike Rabenschwarz-Krähenfüßchen stand unserem Redakteur E. Winterhuber Rede und Antwort.

Winterhuber: Kann es sein, dass Mützendorfer Bürger Raben gesehen haben?

Rabenschwarz-Krähenfüßchen: Sehr unwahrscheinlich. Aber man muss fragen, was meinen die Menschen, wenn sie von Raben sprechen? Den Kolkraben oder die Rabenkrähe?

Winterhuber: Es gibt viele verschiedene Rabenarten?

Rabenschwarz-Krähenfüßchen: Ja, zu den Rabenvögeln zählen die Kolkraben, die Rabenkrähen, Nebelkrähen, Saatkrähen und einige weniger bekannte Arten.

Winterhuber: Oje! Und wie kann man die unterscheiden?

Rabenschwarz-Krähenfüßchen: Der Kolkrabe ist am größten! Die Rabenkrähen und Saatkrähen sind etwas kleiner. Die Saatkrähen haben zudem einen weißlichen Schnabel. Die Nebelkrähe ist bei uns selten und gut an der grauen Bauch- und Rückenseite zu erkennen.

Rabenkrähe

Kolkrabe

Winterhuber: Nun zurück zu der Frage: Kann es denn Kolkraben in unserem Mützendorfer Wald geben?

Rabenschwarz-Krähenfüßchen: Das ist auch unwahrscheinlich, da Kolkraben in unseren Breiten sehr selten sind. Eher dürfte es sich um eine Rabenkrähe gehandelt haben, die ihre Scheu vor den Menschen mit der Zeit verloren hat und in der Nähe von Menschen nistet, um sich von deren Abfall zu ernähren.

Aber man muss sagen, dass auch der Kolkrabe sich angepasst hat und in der Nähe von Mülldeponien lebt, wo er Nahrung findet. Überhaupt gehört der Kolkrabe zu den intelligenten Vögeln, die sich ihrer Umgebung anpassen können. Und erlauben Sie mir eine persönliche Bemerkung: Der Kolkrabe ist für mich auch einer der schönsten Vögel.

Winterhuber: Frau Rabenschwarz-Krähenfüßchen, ich danke Ihnen für das Gespräch.

Rubrik:

Leser schreiben für Leser
Der MÜTZENDORFER ANZEIGER gibt den Lesern und Leserinnen ihrer Zeitung die Möglichkeit, eigene Geschichten und Gedichte einem großen Publikum vorzustellen. Heute lesen Sie ein Gedicht von Tiziana Fidelia Rigoletta Furiosa, Schülerin der 4a der Mützendorfer Grundschule.

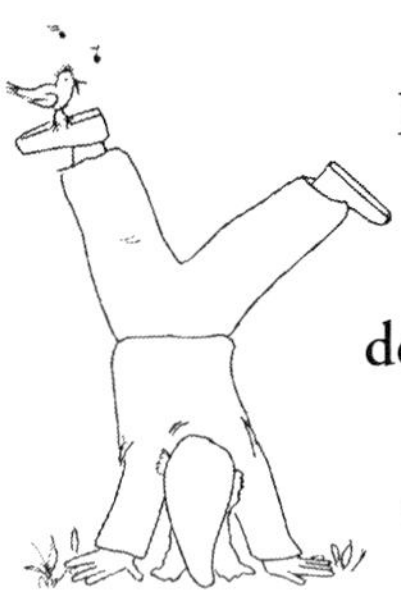

**Der Heinz und seine Wichte sorgen
für ihren Wald und das Getier.
Sie sind so traurig, denn der Wald,
dem fällt es schwer, das Atmen hier.
Der Wald gehört doch nicht den Menschen,
schimpfen die Wichte Tag für Tag.
Der Müll wird ihren Wald erdrücken,
was keiner von den Wichten mag.
Der Heinz und seine Männer hüten
des Waldes Schönheit, Stolz und Pracht.
Sie wuseln hier, sie wuseln dort,
sie tun's bei Tag, sie tun's bei Nacht.
Kein Menschenauge sah sie je,
kein Licht fiel auf ihr gutes Werk
und deshalb glaubt auch wieder keiner:
Es war der Heinzelmann, der Zwerg.
Drum stört sie nicht bei ihrem Tun
hier überall im Unterholz!
Sie schuften alle ohne Lohn
und sind auf ihren Wald sehr stolz.**

Gedicht der Woche

Septembermorgen

*Im Nebel ruhet noch die Welt,
noch träumen Wald und Wiesen:
bald siehst du, wenn der Schleier fällt,
den blauen Himmel unverstellt,
herbstkräftig die gedämpfte Welt
in warmem Golde fließen.*

Eduard Mörike

Für Kinder

Kinder lieben märchenhafte Geschichten

Geschichten, in denen Zauberer und Hexen die Hauptrolle spielen, werden bei den Kindern immer beliebter. „Geschichten müssen spannend und lustig sein", sagt Karl, 10 Jahre. Und sein Freund Thomas ergänzt: „Wenn man beim Lesen vergisst, was ist jetzt erfunden und was ist wahr, das ist toll!"
„Kinder erklären sich Unbekanntes ohnehin mit Zaubereien und Hexereien", sagt der Kinderliteratur-Professor Dr. Fritz Märchenfreund. Er hat auch gleich einen Buchtipp: „Das Kinderbuch ‚Hexenmüll' von *Guido Kasmann* ist ein neues Buch, in dem eine kleine Hexe den Menschen ihren Müll, den sie im Wald gefunden hat, zurückgeben will. Sie macht sich mit ihrem Raben auf in die Menschenwelt und erlebt dort viele Abenteuer, bis sie den Müll endlich los ist."

Kinderbuchhandlung
MÜTZENDORF. Die erste Kinderbuchhandlung nur für Kinder soll bald in Mützendorf eröffnet werden. Die Besitzerin, Frau Kandelaber Zuckerstange, freut sich schon auf neugierige Kinder.

BVK LP135 • Jennifer Eimers / Guido Kasmann: Literaturprojekt zu „Hexenmüll“

Eine Fortsetzung schreiben

Wie geht es weiter?

„Hexenschule, ich komme!“, ruft Tiziana.
Sie macht sich auf in die Hexenschule des Großen Merlins.

1. Was wird Tiziana da wohl erleben?
2. Wie sind ihre Lehrerinnen und Lehrer?
3. Hat sie nette Klassenkameradinnen und -kameraden?
4. Was lernt man in einer Hexenschule? Welche Fächer gibt es?
5. Was macht sie nach der Schule?
6. Wo und wie wohnt Tiziana?

Schreibe eine Fortsetzung des Romans.

BVK LP135 • Jennifer Eimers / Guido Kasmann: Literaturprojekt zu „Hexenmüll“

Eine Buchkritik schreiben

Wenn man gerne ein Buch lesen will, aber nicht weiß, welches, kann man den Buchhändler oder Freunde fragen, ob sie nicht einen Tipp haben.
Man kann auch die Zeitung aufschlagen. Dort stehen Buchkritiken.
Die haben Journalisten geschrieben.
Jetzt darfst du ein Kritiker sein.
Was hat dir an dem Buch gefallen, was nicht?

Tipps für eine Buchkritik:

Das muss in einer Buchkritik stehen:

- Name des Buches und des Autors
- Was für eine Art Buch ist es: Sachbuch, Gedichte, Roman?
- Für wen ist es geschrieben?
- Worum geht es in dem Buch (kurze Inhaltsangabe)?
- Was kann man über das Buch sagen?
  Ist es zum Beispiel spannend, lustig, traurig?
- Was hat dir besonders gut gefallen, was nicht?
- Kannst du den Leser neugierig auf das Buch machen?

Meldung, Nachricht, Bericht

Eine Nachricht …

- ist ganz sachlich geschrieben. Worte wie toll, schön, wunderbar usw. gehören hier nicht hin. Man darf nicht die Meinung des Schreibers heraushören.
- beantwortet meist die folgenden W-Fragen: Wer? Was? Wann? Wo? Wie? Warum?
- ist so aufgebaut, dass das Wichtigste am Anfang steht, dann kommt das Zweitwichtigste …
- ist in kurzen, klaren Sätzen geschrieben.

Meldung, Nachricht, Bericht

Meldungen und Berichte sind beides Nachrichten. Sie unterscheiden sich fast nur durch ihre Länge. Eine Meldung ist eine sehr kurze Nachricht, im Bericht wird eine Nachricht ausführlicher dargestellt. Der Bericht wird auch Artikel oder Beitrag genannt.

Beispiele:

Meldung:

Klasse 4b gewann Fußball-Endspiel beim Stadtteil-Turnier mit 2 : 1.

Nachricht:

Die Klasse 4b gewann am 16. 04. 05 das Endspiel beim diesjährigen Stadtteil-Turnier in der Jahn-Halle mit 2 : 1. Das entscheidende Tor schoss Tim Wellinger kurz vor Spielende.

Bericht:

Am 16. 04. 05 gewann die Klasse 4b das Endspiel beim diesjährigen Stadtteil-Turnier in der Jahn-Halle. Fast 200 Zuschauer verfolgten ein dramatisches Spiel, das Tim Wellinger in der 83. Minute durch ein Kopfball-Tor nach einem Freistoß entschied. In der 23. Minute war die 4b bereits durch einen Elfmeter in Führung gegangen, den Jan Käskopp verwandelt hatte. Doch die Freude darüber währte nicht lange. Nur drei Minuten später musste unsere Mannschaft das Gegentor einstecken.
Doch die 4b kämpfte weiter, was der Trainer, Herr Torfstecher, mit Freude und Stolz zur Kenntnis nahm. Sie erkämpfte sich zahlreiche Torchancen, die sie aber lange nicht nutzen konnte. Doch dann spielte sich Tim Wellinger frei, nutzte die Unaufmerksamkeit der gegnerischen Verteidigung und köpfte den Ball am Torwart vorbei in die linke obere Torecke.
Nach dem Spiel war der Jubel bei der 4b groß. Die gegnerische Mannschaft zeigte sich als guter Verlierer und gratulierte unseren Spielern, mit denen sie im Anschluss die Trikots austauschte.
Inzwischen steht der Pokal in der Vitrine in unserem Mehrzweckraum in der Schule und erinnert an den großen Sieg unserer 4b.
„Wie sind stolz auf unsere Mannschaft“, sagte Schulleiterin Rosenstock.

Suche im MÜTZENDORFER ANZEIGER oder in einer Tageszeitung nach Meldungen, Berichten und Nachrichten. Schreibe selbst eine Nachricht, eine Meldung oder einen Bericht.

Die Reportage

Die Reportage ...

- ist eine Ergänzung zu Nachricht und Bericht.
- beschreibt Zustände und Abläufe so konkret und lebendig wie möglich.
- macht ein Ereignis besonders anschaulich durch lebendige und vielfältige Darstellung. Sie ist nicht rein sachlich, aber auch kein Kommentar.
- lässt dem Schreiber Freiheiten. Man kann einen Erlebnisbericht schreiben oder auch seinen eigenen Stil (humorvoll oder spannend) nutzen.
- bietet auch die Möglichkeit, wörtliche Rede zu benutzen (zitieren) oder sachliche Informationen einzubringen.
- ermöglicht eine besonders anschauliche Darstellung von Ereignissen.

Schreibe eine Reportage
- über den ersten Schultag der Schulanfänger.
- über die Einweihungsfeier des neuen Spielgerätes auf dem Schulhof.
- über das Schulfest.
- über die Situation in der Schulkantine zur Mittagszeit.
- über die neue Rockmusik-AG.
- über …

Tipp:
Lockere deine Reportage auf, indem du Beschreibungen, Eindrücke, Zitate (was jemand wörtlich so gesagt hat) und sachliche Informationen abwechselst. Das ist nicht einfach, aber du kannst es ja einmal versuchen …

BVK LP135 • Jennifer Eimers / Guido Kasmann: Literaturprojekt zu „Hexenmüll“

Der Kommentar

Der Kommentar
Im Kommentar darf der Schreiber seine Meinung sagen. Es muss aber für den Leser deutlich sein, dass es sich hier um einen Kommentar handelt, damit er nicht denkt, hier bekommt er rein sachliche Informationen.

Es gibt einige Regeln beim Kommentar:
- Grundlage eines Kommentars sind Informationen, die auch der Leser kennen muss.
- Die sachlichen Hintergründe dürfen nicht verändert werden.
- Beleidigende und verletzende Kommentare sind verboten (z. B. der blöde Herr Heiligenfeld hat während der Aufsicht ...).

Verschiedene Arten des Kommentars:
- Der *„Einerseits-Andererseits-Kommentar“:*
  Die Schulleitung überlegt, die Rasenflächen bei nassem Wetter in den Pausen nicht mehr frei zu geben. Es gibt aus Sicht von Schulleitung und Hausmeisterin gute Gründe dies zu tun, aber auch die Kinder haben eine Meinung zu dem Thema.
  In deinem Kommentar wägst du die Argumente beider Seiten gegeneinander ab und machst deinen Lesern deutlich: Hier gibt es viele Hintergründe, die zum Finden der eigenen Meinung zu bedenken sind.

- Der *„Geradeaus-Kommentar“:*
  Hier kannst du einfach mal deiner Begeisterung über die Renovierung der Schule Ausdruck geben. Oder dich über einen Lehrer beklagen. Dabei musst du deine Meinung jedoch mit Beispielen begründen.

- Der *„Überzeugungs-Kommentar“:*
  Du glaubst, dass das neue Thema der Projektwoche diesmal von den Kindern und nicht wieder von den Lehrern festgesetzt werden sollte. Du sammelst alle Argumente für deine Meinung und schreibst sie auf. So kannst du vielleicht auch andere von deiner Meinung überzeugen.

Suche dir ein Thema, das du kommentieren willst. Entscheide dich für einen der drei Kommentar-Typen und schreibe deinen eigenen Kommentar. Lasse ihn von einem anderen Kind lesen und höre gut auf seine Meinung.

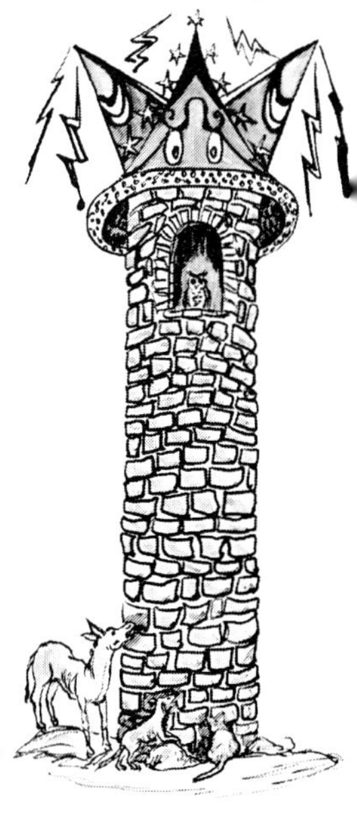

Zauberspruchsammlung I

Zauberwörterliste
Erstelle eine Liste mit verschiedenen Zauberwörtern.
Diese brauchst du, um dir Hexenrezepte (s. unten) oder Zaubersprüche auszudenken.

So schaut man zusammengesetzte Nomen im Wörterbuch nach:
Du willst **Krötenschleim** schreiben.
Schaue im Wörterbuch die Wörter Kröten und Schleim nach.
Kröten + Schleim = Krötenschleim

1. Denke dir Nomen aus, welche zusammen ein Zauberwort ergeben.
2. Trage sie in die Spalten ein.
   Hast du richtig geschrieben?

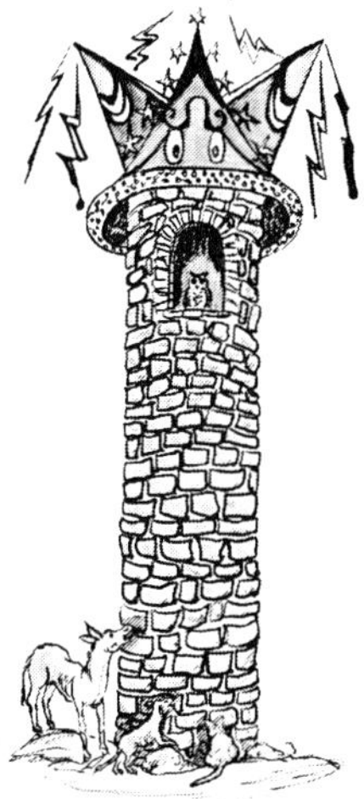

1. Nomen	2. Nomen	Zusammengesetztes Nomen
Kröten …	Schleim …	Krötenschleim …

Schreibe alle deine zusammengesetzten Zauberwörter in dein Heft.

BVK LP135 • Jennifer Eimers / Guido Kasmann: Literaturprojekt zu „Hexenmüll“

Zauberspruchsammlung II

Erstelle dein eigenes Hexenbuch mit Zaubersprüchen.
Beachte hierbei, dass sich immer die zwei Wörter am Satzende reimen.
Schreibe auch die Wirkung des Spruches dazu.
Du kannst deine Zauberwörterliste zu Hilfe nehmen.

Beispiel: Pferdehuf und Kräutertee, Gold sei nun in diesem **See.**
Wirkung: In dem See liegt nun ein Goldschatz, der gefunden werden soll.

Was passiert, wenn dieser Zauberspruch gesprochen wird? Schreibe erst vor und kontrolliere, ob du alles richtig geschrieben hast. Dann schreibe deine Zaubersprüche auf.

Das Interview

- Das Interview ist ein Gespräch zwischen dir und einer interessanten Person (Schulleiter, Fußball-Trainer, neuer Lehrer, Hausmeister ...).
- Man muss erkennen können, wer der Fragende und wer der Antwortende ist (z. B. durch eine andere Schrift oder man setzt den Namen der Personen immer an den Anfang (Im MÜTZENDORFER ANZEIGER, findest du Beispiele).

Es gibt drei Interview-Arten:

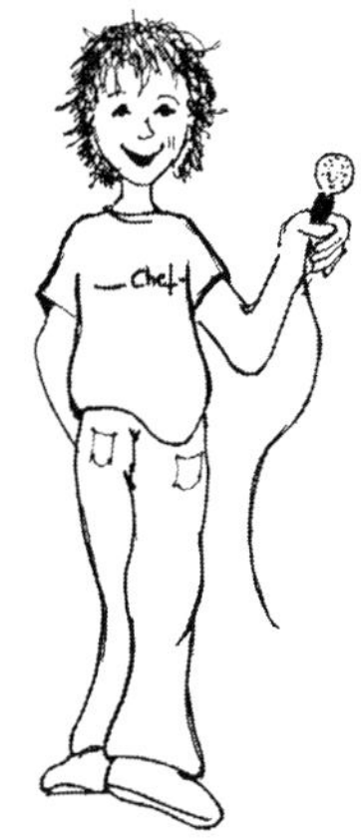

- Das Interview zur Sache: Hier werden vom Interviewer Fakten abgefragt (z. B. gibt der Schulleiter Auskunft, wie viele Schulneulinge im neuen Schuljahr kommen, wie die Eröffnungsfeier sein wird, welche Lehrer die neuen Klassen übernehmen usw.).
- Das Meinungsinterview: Hier soll der Interview-Partner schildern, wie er eine Sache sieht und was seine Meinung ist (z. B. kann man Eltern befragen, wie sie die neuen Wandbilder im Pausenhof finden oder wie Schüler die Mahlzeiten in der Schulkantine beurteilen).
- Das Interview zur Person: Hier wird ein Mensch und seine Ansichten vorgestellt (z. B. der neue Lehrer oder die neue Lehrerin an eurer Schule).

Tipps für ein gutes Interview:

- Informiere dich im Vorfeld so gut es geht über deinen Interview-Partner.
- Überlege dir Fragen die du ihm stellen kannst.
- Arbeite die Fragen nicht einfach ab sondern führe ein Gespräch.
- Wenn du fragst, drücke dich genau und verständlich aus. Schreibe die Fragen auf.
- Stelle immer nur eine Frage.
- Nutze einen Kassettenrekorder und nimm das Gespräch auf.
- Du darfst beim Niederschreiben des Interviews Antworten kürzen, wenn dadurch nicht die Antwort anders wirkt (das ist nicht immer einfach zu entscheiden).

Führe ein Interview. Überlege, mit wem du es führen möchtest und über welches Thema. Bereite dich auf das Interview vor, indem du dir Informationen über den Interview-Partner besorgst und dir Fragen überlegst und aufschreibst. Nimm das Gespräch auf.

Noch ein Tipp:
Setze vor das Interview eine kurze Information, wo und warum das Gespräch geführt wurde.
Beispiel:
In den letzten Wochen beschwerten sich immer mehr Kinder an unserer Schule über verschmutzte Toiletten. Wir trafen unsere Hausmeisterin, Frau Moselberg, beim Saubermachen in der Jungentoilette, die sich über Maßnahmen Gedanken gemacht hat, wie die Toiletten in Zukunft wieder sauber bleiben.

Die Überschrift

So lautet die Überschrift auf der Titelseite im MÜTZENDORFER ANZEIGER.

Kein Müll im Stadtwald

Hast du dich nicht auch beim ersten Lesen gewundert und dir gedacht: Was ist denn da los? Stelle dir vor, die Überschrift hätte gelautet: „Müll im Stadtwald“. Welche Wirkung hätte sie dann gehabt?

Regeln für eine Überschrift:

- Eine Überschrift muss neugierig auf den Artikel machen.
- Eine Überschrift muss deutlich machen, worum es in dem Artikel geht.
- Eine Überschrift muss verständlich sein.
- Eine Überschrift muss möglichst kurz sein. (Dann kann man größere Buchstaben verwenden.)

Schaut euch Überschriften an.
Diskutiert die Wirkung. Oft fehlt das Verb. Warum?

BVK LP135 • Jennifer Eimers / Guido Kasmann: Literaturprojekt zu „Hexenmüll“

Spannend vorlesen

Spannendes Vorlesen kannst du üben.

1. Suche dir in Kapitel 3 eine Seite aus, in der Tiziana und Friedwart in dem Kaufhaus versuchen, die Kleidung abzugeben. Lies die Stelle leise.
2. Überlege dir, wie die Stimmen der Personen klingen sollen und übe sie.
3. Übe den ganzen Text mit Betonung.
4. Lies den ganzen Text der Klasse vor.

Aufgabe für die Zuhörer:
Ist es dem Vorleser gelungen, immer deutlich zu machen, wer spricht?
Welche Stimme ist dem Vorleser besonders gut gelungen?

Einen Vortrag halten

Raben - einen Vortrag halten in 10 Schritten

Das müsst ihr vorher bereitstellen:
Schreibzeug – für jeden ein weißes Din A4-Blatt – ein Bogen Tonpapier

1. Schritt: Jeder schreibt auf ein Din A4-Blatt auf, was ihm zu Raben einfällt und was er über Raben wissen will.
2. Schritt: Schreibt in die Mitte des Tonpapierbogens das Wort „Raben" und kreist es ein.
3. Schritt: Nun erzählt jeder, was ihm zum Thema Raben eingefallen ist und was er wissen will. Notiert, was ihr wisst und was ihr wissen wollt auf dem Papierbogen. Das könnte etwa so aussehen:

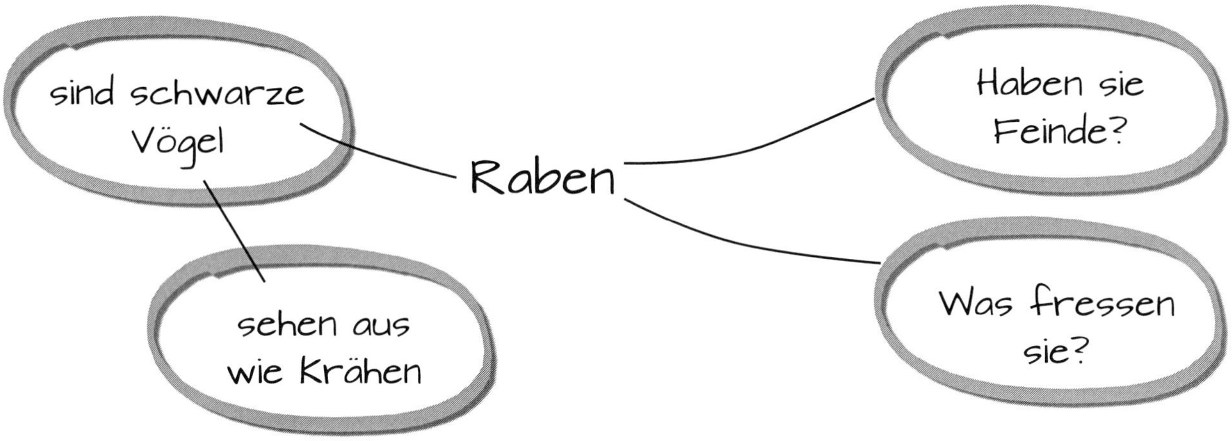

4. Schritt: Entscheidet, welche Fragen ihr gemeinsam beantworten wollt. Kreist diese mit einem farbigen Stift noch einmal ein.
5. Schritt: Sammelt Informationen (am besten zu zweit) zu Raben in Lexika, Sachbüchern, im Internet oder ...
6. Schritt: Jeder trägt vor, was er gefunden hat. Ergänzt euer Plakat.
7. Schritt: Ordnet die Informationen über Raben, z. B. nach den Begriffen Lebensraum, Nahrung, Feinde, Raben in Geschichten, Wissenswertes ...
8. Schritt: Entscheidet, wer was in der Klasse vorträgt.
9. Schritt: Übt euren Vortrag und stellt ihn dann den anderen vor. Zufrieden?
10. Schritt: Nun tragt ihr der Klasse vor, was ihr über Raben wisst.

Tipp:
Bei der Suche nach Antworten auf die gestellten Fragen stößt man leicht auf weitere interessante Informationen. Notiert diese in Stichworten und schreibt dazu, wo ihr die Information gefunden habt.
Vielleicht wollt ihr sie später nutzen. Stellt das Gefundene den anderen vor.

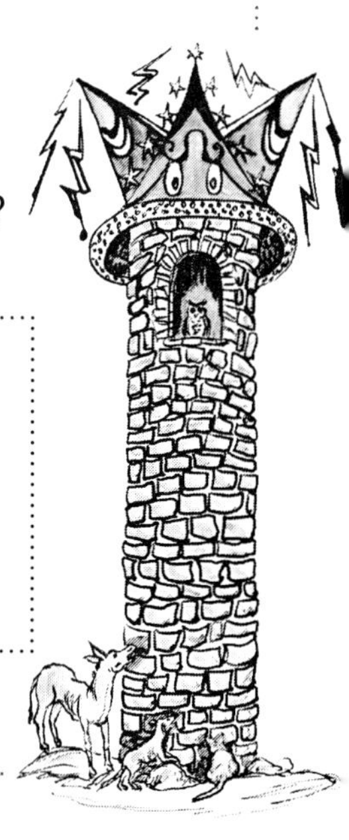

Anleitung zum Stabpuppenbau

Du kannst verschiedene Situationen aus dem Buch mit Stabpuppen nachspielen oder auch verändern.

Für die Herstellung der Stabpuppen brauchst du:

- Vorlagen von Tiziana, Thomas, Friedwart, der Ollen Lilli usw.
- weißes Tonpapier
- Schaschlikstäbchen
- Klebeband
- Schere
- Stifte zum Anmalen

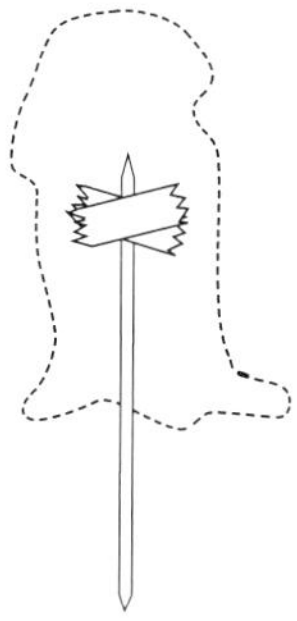

Bastelanleitung:

1. Schneide die Vorlagen aus und male sie an.
2. Klebe die Figuren auf das Tonpapier und schneide sie noch einmal aus.
3. Klebe ein Schaschlikstäbchen mit Klebestreifen auf die Rückseite der Vorlage.

Jetzt kannst du mit den Stabpuppen spielen.
Sollten dir noch Figuren fehlen (z. B. die Polizisten usw.), kannst du dir noch eigene Figuren basteln.
Hierfür zeichnest du dir auf einem weißen Blatt die Figur vor und bastelst sie dann nach Anleitung.

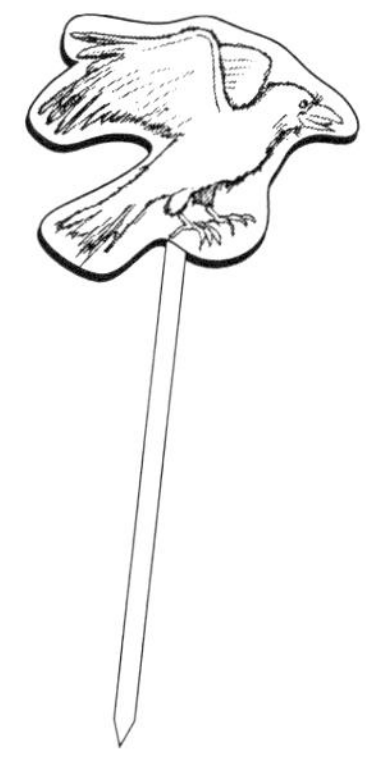

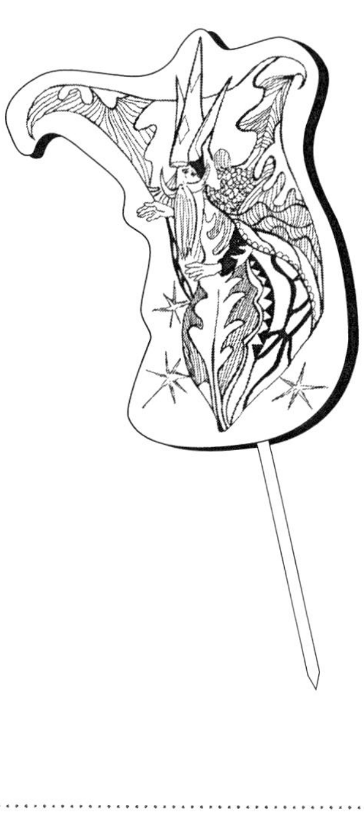

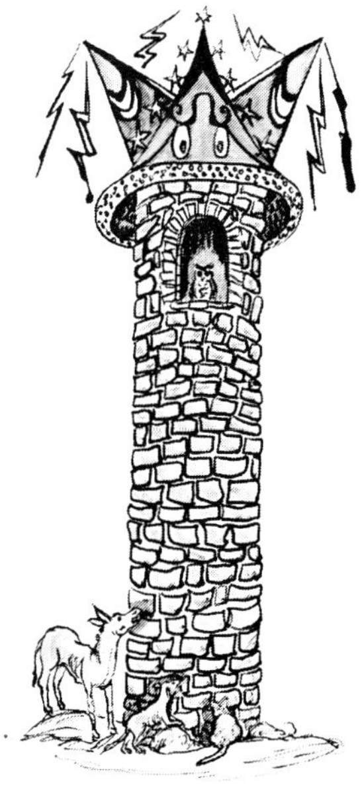

Stabpuppenbau

Stabpuppen-Kopiervorlagen

Ratten

Informationen aus einem Text entnehmen durch Markieren
Hier könnt ihr lernen, wie ihr wichtige Informationen aus einem längeren Text herausfindet und markiert.
Jeder liest diesen Sachtext zum Thema „Ratten“ für sich allein:

Ratten

Ratten gehören zur Familie der Mäuse. Sie kamen aus Asien auf dem Seeweg nach Europa und Nordamerika. Die Ratte gilt als Krankheitsüberträger, besonders auch als Überträgerin der Pest (eine Seuche, die im Mittelalter sehr viele Menschen tötete), aber eigentlich war der Überträger der Rattenfloh, der im Fell der Ratte saß.
Die Ratte gilt deshalb heute als ekliges Tier. Auch der lange nackte Schwanz trägt dazu bei, dass viele Menschen sie nicht mögen. Hier in Deutschland treffen wir heute fast ausschließlich auf die Wanderratte.
Ratten fressen fast alles. Sie bevorzugen vegetarische Kost. Ist die Nahrung knapp, fressen sie aber auch Insekten, kleine Vögel oder Würmer. Wenn sie gar nichts anderes finden, ernähren sie sich auch von Seife, Papier, Holz, Textilien oder Leder. In sehr großer Not fressen sie sich sogar gegenseitig auf. Man entdeckt Ratten immer wieder an Mülltonnen, weil sie dort, im Abfall der Menschen, viel geeignete Nahrung finden können.
Es heißt, dass es in jeder Stadt grundsätzlich immer mehr Ratten als Menschen gibt. Ratten sind gesellige Tiere. Sie leben in Gruppen von 60 bis zu 200 Tieren. Man sollte sie daher auch nie allein als Haustier halten. In diesen Rudeln geht es aber nicht nur nett zu. In heftigen Kämpfen wird die Rangordnung untereinander festgelegt.
So wie es bei uns Sternzeichen gibt (Wassermann, Fische, Steinbock usw.), gibt es im Chinesischen Kalender Tierzeichen. Dazu gehört die Ratte. Sie symbolisiert dort Fleiß, die Fähigkeit trotz Verfolgung und widriger Umstände zu überleben, Anspruchslosigkeit und Bescheidenheit.

Sammelt die Tipps zum Markieren auf einem Lernplakat.
Hängt es in der Klasse auf oder tragt es den anderen vor.

1. Unterstreiche beim zweiten Lesen alles, was du besonders wichtig findest.
2. Schaue dir nun noch einmal an, was du markiert hast.
3. Trage den Kindern vor, was du in diesem Text wichtig findest.
4. Höre zu, was die anderen beim gleichen Text wichtig finden.
   Unterscheidet es sich? Warum? Besprecht mögliche Gründe.

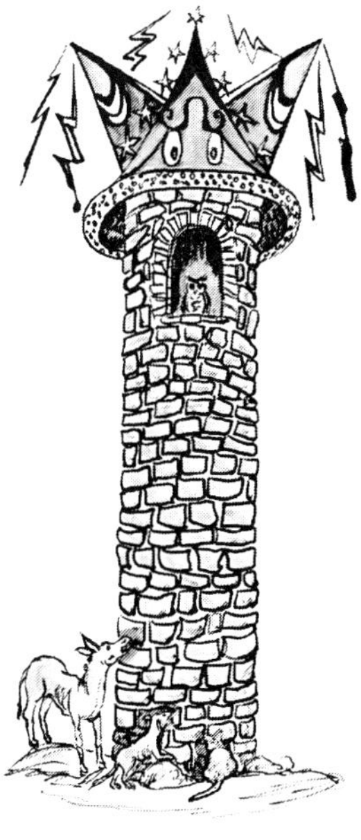

Eulen

Eulen unterscheiden sich von anderen Vögeln durch die starr nach vorn gerichteten Augen. Ihr Gesicht wirkt menschlich, daher wird der Eule Intelligenz und Weisheit zugesprochen. Die Eule wurde so ein Symbol der Weisheit.

Der Uhu – Vogel des Jahres 2005

Umbra gehört zu der Eulenart Uhu.
Der Uhu ist weltweit die größte Eule.
Uhu-Männchen erreichen eine Größe von 61 cm und ein Gewicht von 1 900 g bis 2 800 g.
Ihre Flügelspannweite beträgt 160 cm.
Uhu-Weibchen sind größer und schwerer, sie erreichen eine Größe von 67 cm und ein Gewicht von 2 200 g bis 4 200 g.
Ihre Flügelspannweite beträgt 170 cm.
Uhus sind Einzelgänger, nur während der Paarungszeit und zur Jungenaufzucht leben sie mit ihrem Partner zusammen.
Der Uhu ist nachtaktiv, d. h., dass er am Tag in den Baumkronen ruht und nachts auf die Jagd geht.
Der Speiseplan des Uhus ist umfangreich: Sowohl Mäuse und mittelgroße Vögel als auch Rehkitze oder Hasen werden von ihm verspeist.

Was möchtest du noch über den Uhu wissen?
Wie viele Eier legt das Uhu-Weibchen, welche Feinde hat der Uhu …?

1. Besorge dir weitere Informationen und halte allein oder gemeinsam mit einem Partner einen kurzen Vortrag zum Leben der Uhus.
2. Notiere wichtige Fragen (Wo lebt der Uhu …) und halte die Ergebnisse auf einem Lernplakat fest.

Tipp:
Unter den Internetadressen: *www.blinde-kuh.de* und *www.eulenwelt.de* findest du viele Informationen rund um den Uhu.

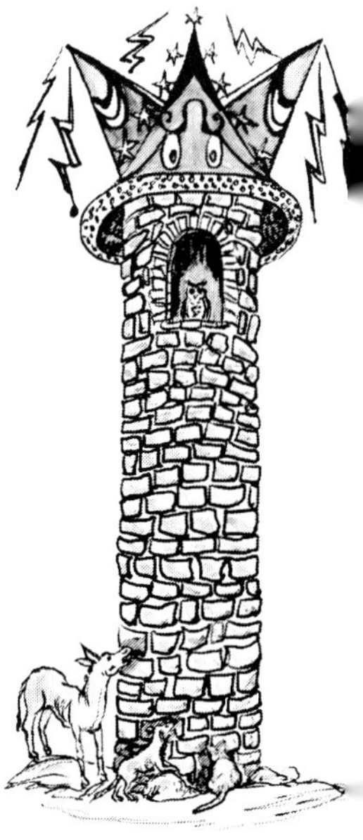

BVK LP135 • Jennifer Eimers / Guido Kasmann: Literaturprojekt zu „Hexenmüll"

Was kostet der Müll?

Behältertypen	jährliche Kosten
60 l 14-tägige Entsorgung	**120 €**
120 l wöchentliche Entsorgung	**372 €**
240 l wöchentliche Entsorgung	**732 €**
1 100 l wöchentliche Entsorgung	**2 736 €**

In der Wohnung oder im Haus sammeln wir unseren Müll im Mülleimer.
Ist der Mülleimer voll, bringen wir den Müll in die Mülltonne oder in den Müllcontainer.

In Mützendorf gibt es vier verschiedene Behältertypen. Je nachdem wie viel Müll in einem Haus anfällt, wird die Größe der Tonne oder des Containers bestimmt.
Die kleinste Mülltonne fasst 60 l und wird 14-tägig geleert. Der größte Container fasst 1 100 l und wird wöchentlich geleert.
Die Müllabfuhr kommt und leert die Behälter.
Für diese Abfallbeseitigung muss jeder Haushalt Gebühren bezahlen.

- Informiert euch über die jährlichen Abfallbeseitigungsgebühren in eurer Stadt.
- Wie viele Liter passen in eure Mülltonne oder euren Container zu Hause?
- Überlegt, für welchen Abfallbehälter wird sich wohl ein allein lebender Mann entscheiden? Welchen Behältertyp wird eine Schule benötigen?

1. Herr Heiligenfeld lebt allein in einem kleinen Haus am Stadtrand. Er hat eine 60 l Mülltonne. Wie oft wird seine Mülltonne im Jahr geleert?
2. Familie Meister hat eine 120 l Mülltonne. Wie hoch sind ihre monatlichen Abfallbeseitigungsgebühren?

3. Die Dorfschule hat einen Müllcontainer, dieser fasst 1 100 l, und eine 240 l Mülltonne. Wie hoch sind die jährlichen Abfallbeseitigungsgebühren für die Schule? Wie viel muss die Schule monatlich für beide Abfallbehälter bezahlen?
4. Denkt euch eigene Aufgaben zu den Abfallbeseitigungsgebühren eurer Stadt aus.

BVK LP135 • Jennifer Eimers / Guido Kasmann: Literaturprojekt zu „Hexenmüll“

Eklig leckere Hexenrezepte I

Blut-Cocktail

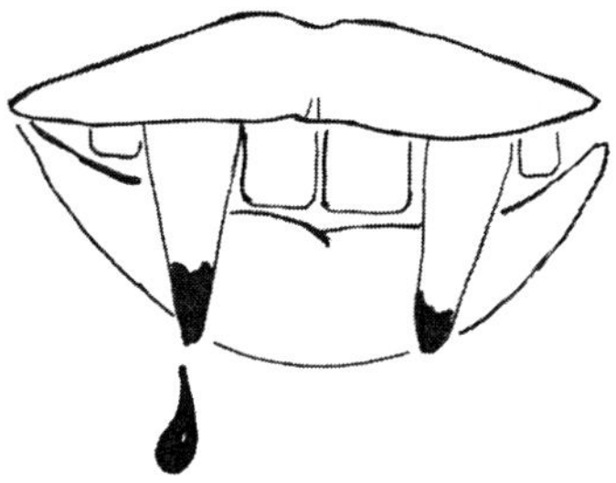

Zutaten:
- 3 Beutel Früchtetee
- 1 Liter Maracujasaft
- 2–3 EL Honig
- 1 Liter Leitungswasser

1. Gieße einen Liter Leitungswasser in einen Topf und bringe es zum Kochen.
2. Lege in das kochende Wasser drei Teebeutel Früchtetee und lasse diese zehn Minuten ziehen.
3. Hole dann die Beutel mit einem Löffel heraus und gib den Maracujasaft und ein paar Löffel Honig hinzu.
4. Abschmecken und eventuell nachsüßen. Fertig!

BVK LP135 • Jennifer Eimers / Guido Kasmann: Literaturprojekt zu „Hexenmüll“

Eklig leckere Hexenrezepte II

Wurm-Häppchen

Zutaten:
- gelbe Götterspeise (wahlweise auch andere Farben möglich)
- Weingummiwürmer

1. Bereite die gelbe Götterspeise nach Anleitung auf der Verpackung zu und gieße sie in Eiswürfel-Behälter.
2. In jedes Eiswürfelfach legst du einen Weingummiwurm.
3. Lasse die Götterspeise mit dem Weingummiwurm im Kühlschrank hart werden und serviere diese würfelweise. Schön gruselig!

Hexenlied

Ja, wenn man hexen kann
(nach der Melodie: „Die Affen rasen durch den Wald“, Text: Guido Kasmann)

Die Hexen hexen ein Rezept,
da bleibt uns fast die Spucke weg,
das wird ein höllisches Gebräu ...

Refrain:
Ja, wenn man hexen kann, und man glaubt daran
Ja, dann macht das Hexen Spaß.

Verfaulter Apfel klein gekaut,
und ein Stückchen Krötenhaut,
das wird ein höllisches Gebräu ...

Biberpipi, Erdbeergeist,
ein Löwenmaul, das nicht mehr beißt,
das wird ein höllisches Gebräu ...

Ohrenschmalz leicht aufgekocht
mit Kerzenwachs und ohne Docht,
das wird ein höllisches Gebräu ...

Weinbergschnecken völlig nackt,
Lamaspucke nicht zu knapp,
das wird ein höllisches Gebräu ...

Rattenohren angespitzt,
Fingernägel leicht erhitzt,
das wird ein höllisches Gebräu ...

Ein Popel von dem Nasenbär,
schön rund gefriemelt muss noch her,
das wird ein höllisches Gebräu ...

Von dem Stern das Schuppensalz
oder ist's Sternschnuppensalz?
Das wird ein höllisches Gebräu ...

Magische Quadrate

Hier ist doch Magie im Spiel!
Addiere alle Zahlen senkrecht, waagerecht und diagonal.
Warum ist dieses Quadrat magisch? Schreibe deine Rechnungen hier auf:

16	3	2	13
5	10	11	8
9	6	7	12
4	15	14	1

Sind diese Quadrate auch magisch?
Übertrage die Quadrate in dein Heft und rechne sie aus.

40	14	12	34
18	28	30	24
26	20	22	32
16	38	36	10

16	2	8	10
1	7	9	15
6	12	14	4
11	13	3	5

Hier fehlen Zahlen. Setze die richtigen Zahlen ein, damit die Quadrate magisch werden.
Jede Zahl darf nur einmal vorkommen.

4	9	2
	5	

6	10	14
16		

Für Rechenkönige:
Versuche selbst ein magisches Quadrat mit den Zahlen 1–9 zu bilden. Viel Erfolg!

BVK LP135 • Jennifer Eimers / Guido Kasmann: Literaturprojekt zu „Hexenmüll“